图说
民用机场飞行区安全

中国民用航空局航空安全办公室
中国民航安全学院 ◎编著

中国工人出版社

图书在版编目（CIP）数据

图说民用机场飞行区安全 / 中国民用航空局航空安全办公室，中国民航安全学院编著.—北京：中国工人出版社，2014.6
（图说民航安全生产系列丛书）
ISBN 978-7-5008-5804-1

Ⅰ.①图…　Ⅱ.①中…②中…　Ⅲ.①民用航空—飞行安全—图解
Ⅳ.①V328-64

中国版本图书馆CIP数据核字（2014）第104836号

图说民用机场飞行区安全

出 版 人　李庆堂
责任编辑　安　静
责任校对　赵贵芬
责任印制　栾征宇
出版发行　中国工人出版社
地　　址　北京市东城区鼓楼外大街45号　邮编：100120
网　　址　http://www.wp-china.com
电　　话　（010）62350006（总编室）；
（010）62005039（营销出版部）
（010）62382376（职工教育分社）
发行热线　（010）62383276　（010）82075964（传真）
经　　销　各地书店
印　　刷　北京睿特印刷厂
开　　本　889毫米×1230毫米　1/32
印　　张　2.625
字　　数　20千字
版　　次　2014年7月第1版　2014年7月第1次印刷
定　　价　10.00元

本书如有破损、缺页、装订错误，请与本社营销出版部联系更换

序

航空安全是民航稳定运行和持续发展的生命线，而辛勤工作在生产运行一线的广大职工和基层管理人员正是日夜驻守在这条生命线最前沿阵地上的主要力量；他们具有的安全生产意识、安全生产知识和安全生产能力直接关系到前沿阵地的牢固与否。

为了落实民航局“十二五”安全发展规划关于民航职工素质建设工程中对职工运行安全保障的要求，帮助一线职工学习和了解民航规章对安全生产的相关规定和安全生产的基本知识，理解严格执行民航规章以及按章作业对民航安全的作用和重要性，中国民用航空局航空安全办公室和中国民航安全学院共同策划并编著了《图说民航安全生产系列丛书》。

本丛书的编纂思路是：以民航各主要生产专业模块为背景、以一线生产运行活动为主线、以民航规章的规定为基础，有选择性地重点介绍和诠释与一线作业活动密切相关的安全生产基本知识和有关民航规章的规定和要求。

本丛书采用图文并举的形式，在对相关知识点进行文字描述的同时，辅以漫画配合，力求通过通俗易懂、生动形象的方式为一线职工提供一套安全生产知识读本。

编著者真诚期望本系列丛书能有助于：

新入职员工——提前了解安全生产的基本知识和相关要求的脉络，从而有准备地接受和完成全面的岗位安全培训；

已接受过安全培训的在职员工——从中得以回顾和理解所处岗位相关的安全生产规定和要求；

民航系统的所有职工——在闲暇翻阅中了解其他专业系统或其他岗位的安全生产知识和相关要求。

本系列丛书可作为民航安全生产教育培训的辅助材料，以及作为有兴趣人士了解和获取民航安全生产知识的通俗性读物。

本系列丛书的总体编撰工作由张蕾完成。《图说航空公司运行控制安全》分册由张向晖、白福利负责基础资料整理；《图说民用机场飞行区安全》分册由于航负责基础资料整理；《图说民用航空客舱安全》分册由于野、隋佳、吴倩负责基础资料整理；《图说民用航空安全保卫》分册由王文俊、白福利负责基础资料整理。

本系列丛书首批四个分册付梓之际，在此感谢为成稿贡献笔耕之力和专业才智的所有人士，特别应提到的有：温志东（中国国际航空股份有限公司运控中心）、王艳（中国国际航空股份有限公司客舱服务部）、王淼（北京首都国际机场飞行区管理部）、柯洁茹（广州白云国际机场安检护卫部）等。

限于编著者水平有限，以图文并举方式介绍和诠释民航安全生产知识和相关法规还属初次尝试，书中难免存在问题和不足之处。真诚希望读者给予批评指正。

前 言

飞行区是供飞机起飞、着陆、滑行和停放使用的场地，具体包括跑道、升降带、跑道端安全区、停止道、净空道、滑行道、机坪以及机场净空。飞行区涵盖的范围比较广，涉及的作业工种也比较繁杂，一旦某个方面或环节出了问题，都可能会带来巨大的损失或造成不可估量的后果。因此，为加强飞行区的安全管理水平，预防和防止各类不安全事件、事故征候或事故的发生，进一步提高民航安全水平，行之有效的办法就是加强机场工作人员的安全生产知识普及，强化他们的安全教育与培训，切实提高他们的安全意识和安全素质。

本书通过图文并茂的方式，本着言简意赅、浅显易懂的原则，结合《民用机场运行安全管理规定》《民用机场飞行区技术标准》《民用机场飞行区场地维护技术指南》《机场外来物管理规定》《防止机场地面车辆和人员跑道侵入管理规定》《民用机场航空器活动区道路交通安全管理规则》等现行的民航规章，以及相关的研究报告和调研情况，重点介绍了飞行区场地维护、机坪运行安全管理、目视助航设施管理、飞行区外来物管理、不停航施工管理和航空器活动区道路交通安全管理等安全生产知识，为机场工作人员进行安全生产教育，提供一定的指导和帮助。

本书可作为机场工作人员，以及航空公司、空管单位和相关部门的人员获取飞行区安全生产知识的通俗读物。同时，也可以作为非民航相关的工作人员获取民航安全管理知识的重要来源。

目 录 CONTENTS

一、概　述

1. 什么是飞行区？

小李，你来飞行区管理部三个多月了，工作都熟悉了吗？
大部分都熟悉了，但是我发现，关于运行安全方面的要求，特别是对一线操作人员运行安全的要求内容多、范围广，还有点儿理不清呢……

这容易，我帮你归纳一下飞行区以及飞行区的运行安全重点吧！
太好了！谢谢您！

飞行区

飞行区是供飞机起飞、着陆、滑行和停放使用的场地，包括：跑道、升降带、跑道端安全区、停止道、净空道、滑行道、机坪及机场净空。

飞行区的安全管理

飞行区的安全管理主要涉及飞行区场地日常维护、机坪运行安全管理、目视助航设施管理、飞行区外来物（FOD）管理、不停航施工管理和航空器活动区道路交通安全管理等。

2. 与飞行区安全管理相关的民航规章

呵呵。所以，咱们局下发了一系列的规章和咨询通告来规范飞行区的运行和管理。
咨询通告
规章

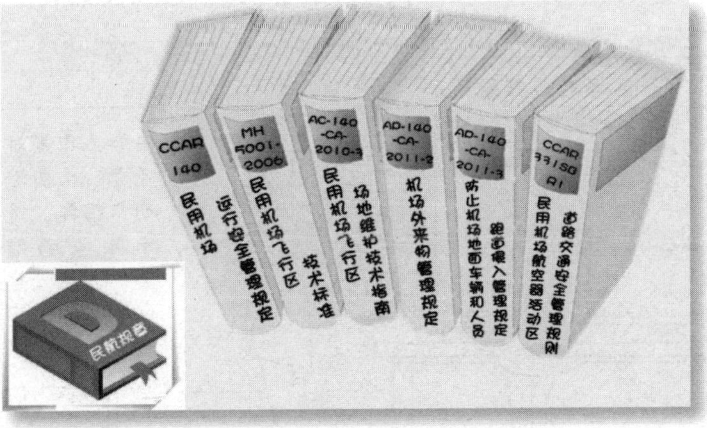
CCAR 140
民用机场
运行安全管理规定
MH 5001-2006
民用机场飞行区
技术标准
AC-140-CA-2010-3
民用机场飞行区
场地维护技术指南
AD-140-CA-2011-2
机场外来物管理规定
AD-140-CA-2011-3
防止机场地面车辆和人员
跑道侵入管理规定
CCAR 331SB R1
民用机场航空器活动区
道路交通安全管理规则
民航规章

二、飞行区场地维护

小李，考考你，飞行区场地具体指什么呢？
这个我知道，是机场范围以内的所有基础设施，包括道面、土质地带、围界、排水设施等。

飞行区场地日常维护工作都有哪些呢？
主要工作是对道面、土质地带、围界、排水系统的维护，还有就是对它们的巡视检查。

1. 通用安全要求

★ 飞行区场地日常维护作业前应明确现场工作的目标和内容。

★ 飞行区场地日常维护机具应按照计划的路径进出飞行区。

★ 进入飞行区的作业人员应配备无线电通信设备，与塔台保持实时联系。

★ 进入跑道、滑行道或可能影响航空器运行的区域，必须向塔台或相关管制部门提出申请，经同意后方可进入。

★ 未经塔台管制员许可，任何人员、车辆不得进入运行中的跑道、滑行道。

★ 再次进入之前应当再次申请并获得塔台管制员的许可。

2. 道面维护

道面清扫保洁

道面清扫保洁的目的

道面清扫保洁就是要及时清除飞行区道面（含道肩）及升降带、滑行带内的各类杂物和污染物。

杂物种类	生活垃圾、杂草
	道面松散物
	掉落的零部件
	道面修复遗落的材料或工具

污染物种类	内　容
工业污水	1.清洗飞机的酸碱液
	2.各类除冰雪材料
	3.跑道除胶的化学试剂
	4.标志线清除的化学试剂
危险废品	可燃、易反应、有腐蚀性或有毒的废弃物
非危险品	脂类有机物

道面清扫方式

道面清扫是不是有人工和清扫车两种方式?
对。有杂物和污染物时要及时清扫，而且用化学清洁剂时，还不得损害道面。

那什么时候用人工清扫，什么时候用清扫车呢?
跑道和滑行道用大型机械设备定期清扫，停机坪可以采用机械与人工相结合的方式。

要及时清扫的特殊情况

★ 装卸的货物大面积散落；

★ 遇强风、暴雨或沙尘暴等天气，在道面上发现外来物；

★ 发生坠机、航空器碰撞、航空器迫降、火灾等事故；

★ 执行特殊保障任务前。

道面破损应对

道面出现破损时应当及时按照抢修预案进行修补，尽量减少道面破损和修补对机场运行的影响。

小贴士

道面破损修补的具体要求在《民用机场飞行区场地维护技术指南》和《民用机场运行安全管理规定》中有相关规定。

摩擦系数测定与跑道除胶

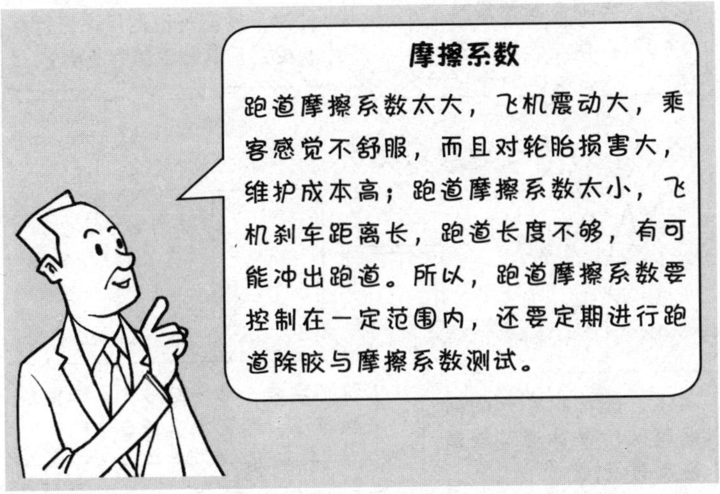

在遇到大雨或者跑道结冰、积雪，跑道上施洒除冰液或除冰粒，航空器偏出或冲出跑道等情况下，要立即进行摩擦系数测试。

小贴士

跑道摩擦系数测试与评估技术，跑道除胶规程与方法设备、频次等内容在《民用机场飞行区场地维护技术指南》和《民用机场运行安全管理规定》中有相关规定。

小贴士

污染物的清除方法以清扫频率在《民用机场飞行区场地维护技术指南》中有相关规定。

服务车道和巡场道路养护

服务车道和巡场道路应能保证地面服务车辆、飞行区运行保障车辆快速、安全地通行。路面应完好、平坦、无积水。出现机油污染等情况应及时处理。

服务车道和巡场道路的养护可以参照《公路水泥混凝土路面养护技术规范》和《公路沥青路面养护技术规范》等规定执行。

3. 土质地带维护

再问你，飞行区土质地带，包括升降带及跑道端安全区的定期维护工作都有哪些呢？
嗯，有场地平整、碾压、除草、密实度测试等。

回答之前，我先给你讲个案例。
土质地带维护时，有什么注意事项吗？

案例

2009年8月一个深夜，某场务队一名值班队员在航班结束后，独自驾驶割草机进入飞行区实施割草作业。由于该队员事先并未告知航务部此项作业，割草作业时，航向台24小时运行并没有关闭。

当他割草至航向台附近时将航向天线连接电缆割断了2根，损伤外表2根。可是这个割草人员却没有发现异常，割草完毕后返回值班室。

清晨，航务部开放前检查发现航向台信号告警异常并确认电缆被割断。由于割断电缆，盲降失效，运行标准提高，导致4个航班备降，1个航班取消，17个航班延误。

安全提示

★ 道肩、标记牌、助航灯具、导航设施和驱鸟设施等周边5米范围内宜采用人工割草。

★ 土质地带碾压、割草要保护碾压区的目视助航设施、导航设施、驱鸟设施和各类管线。

★ 除非经空中交通管理部门特别许可，跑道开放使用期间，跑道中心线两侧75米、导航设备的敏感区域和临界区以及跑道端安全区范围内，严禁从事飞行区割草、碾压等维护工作。

★ 清除的草料应及时外运，如需在飞行区内临时堆放，放置位置应距离道肩15米以上。

★ 土质地带应尽可能全面植草，固定土面。草种（如农作物）应不易吸引鸟类和其他野生动物入侵，草高不得遮挡助航灯光和标记牌。

小贴士

场地平整、碾压、除草、密实度测试等内容在《民用机场飞行区场地维护技术指南》与《民用机场飞行区技术标准》中有相关规定。

4. 围界维护

飞行区围界

飞行区围界是将机场飞行区与外界隔离的移动空防安全屏障，通常由铁栅栏或铁丝网围成，担负着保障飞行区安全的责任。

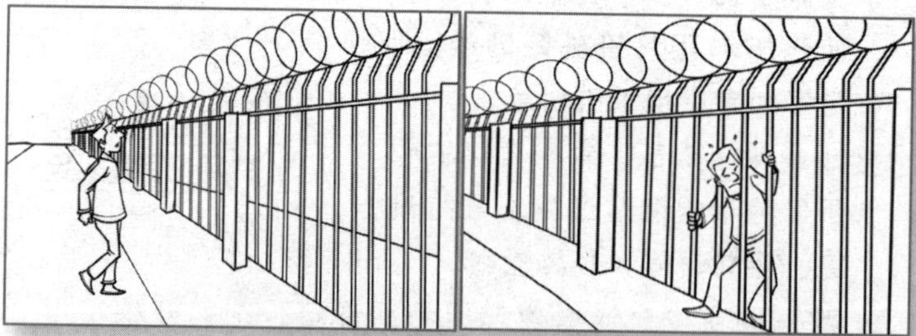

飞行区围界应当完好，具备防钻防攀爬功能，能有效防止人和动物进入飞行区。

飞行区围界破损后应当及时修复。破损部位修复前应当采取有效的安全措施。

5. 排水系统维护

排水系统维护

★ 排水系统应该处于适用状态，出现问题要及时解决，并应该每年进行一次保养工作。

★ 由于施工导致原有排水系统不能正常运行时，应采取临时排水措施，防止道面积水。

★ 冰冻地区机场在冰冻期间排水沟内不得有大量积水。

6. 巡视检查

巡视检查前

从事飞行区维护、巡视检查的人员，应当熟知维护、巡视检查的程序和规则，并严格执行。

A

目前跑道、滑行道处于运行中，不得进入！
B
目前机场处于低能见度程序运行，不得进行例行检查！
C

巡视检查中

★ 巡视检查的车辆应当安装黄色旋转灯标，并在检查期间始终开启。

★ 检查人员应当穿反光背心或外套。

★ 巡视检查期间，检查人员应配备有效的无线电对讲机，并在相应的无线电波段上时刻保持收听。

下车检查时，检查人员离开车辆的距离不得超过100米（随身携带对讲机），检查车辆处于适用状态。

如果通信中断了怎么办？
当塔台管制员发现通信联系中断时，应当立即按照紧急情况的处置程序执行。
当检查人员发现通信中断时，应当立即撤离跑道！
申请
我知道进入飞行区前要事前申请，那对撤离有要求吗？
必须有。首先，当塔台要求撤离时，人员和车辆必须立即撤离到管制员指定的位置，不得进入升降带、跑道端安全区、导航设备敏感区和临界区。

恩，一切听塔台指挥！
所以要保持对讲机时刻收听。那你知道如果完成工作，并已经获批撤离，在返回途中发现问题应该怎么办吗？

应该可以原地停留吧？
绝对不行，要重新向塔台管制员申请并获得许可之后方可停留或者再次进入。

巡视检查后

检查人员及车辆撤离后，要及时通知塔台，并向塔台管制员报告飞行区场地情况。

检查单

巡视检查完成后，检查人员应当将检查开始时间、结束时间、检查人员姓名、飞行区场地情况记录在检查日志中。

跑道侵入

跑道侵入是指在机场发生的任何航空器、车辆或者人员误入指定用于航空器着陆和起飞地面保护区的情况。

跑道侵入情况：

★ 航空器、车辆或人员从正在着陆的航空器前方穿越；

★ 航空器、车辆或人员从正在起飞的航空器前方穿越；

★ 航空器、车辆或人员穿越跑道等待位置；

★ 航空器、车辆或人员不能确定其所在位置而误入使用中的跑道；

★ 由于无线电通话失误导致未按照空中交通管制指令操作；

★ 航空器从尚未脱离跑道的航空器、车辆或人员后方通过。

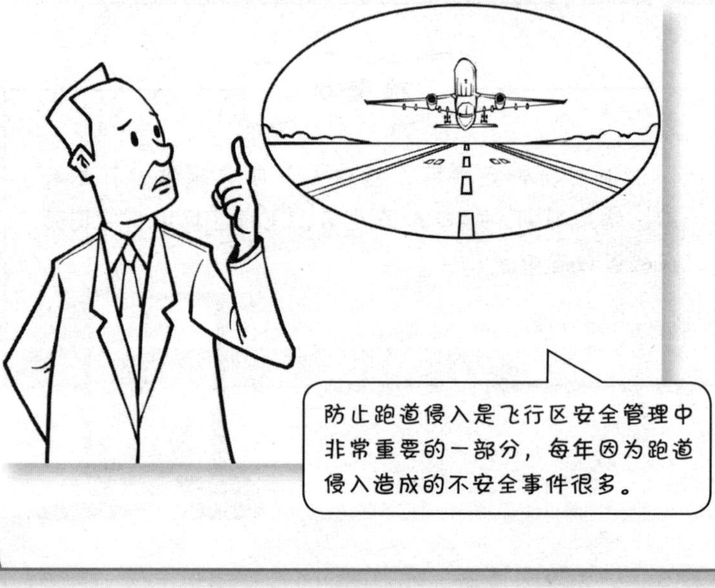

安全提示

★ 进入跑道、滑行道或可能影响航空器运行的区域，必须向塔台或相关管制部门提出申请，经同意后方可进入。再次进入之前应当再次申请并获得塔台管制员的许可。

★ 未经塔台管制员许可，任何人员、车辆不得进入运行中的跑道、滑行道。

★ 除非经空中交通管理部门特别许可，跑道开放使用期间，跑道中心线两侧75米、导航设备的敏感区域和临界区及跑道端安全区范围内，严禁从事飞行区割草、碾压等维护工作。

★ 施工人员和车辆应当严格按照施工组织管理方案中规定的时间和路线进出施工区。若临时进出施工区域，没有经过培训的驾驶员驾驶的车辆，应当由持有场内车驾驶证的机场管理机构人员全程引领。

★ 进入飞行区从事施工作业的人员，应当经过培训并申办通行证（包括车辆通行证）。

★ 人员和车辆进出飞行区出入口时，应当接受检查。飞行区施工临时设置的大门应符合安全保卫的有关规定。

★允许进入跑道的人员须穿着反光服饰。

★完成巡查工作，并向塔台管制员申请撤离之后，如果在返回途中发现有问题，也要重新向塔台管制员申请并获得许可之后方可停留或者再次进入。

★进入跑道的车辆顶端安装符合标准的黄色障碍灯,并在工作期间始终开启顶灯和车辆大灯。

★进入跑道的车辆、人员应当配备无线电通信设备，以便与塔台保持不间断的无线电双向联系。

★对于停放在远机位的航空器，航空公司或地面代理公司应负责旅客在机坪上的安全，防止旅客随意走动，所有旅客须由摆渡车接送。

★加强雨季对施工围界的巡查，及时发现由于水土流失导致围界缺陷（如空洞），以免人或动物从缺陷处进入飞行区，误入跑道，造成跑道侵入等不安全事件。

★加强军民合用机场的机场管理机构与军队的安全沟通和安全合作，杜绝由于沟通、培训不到位而导致的跑道侵入等不安全事件。

三、机坪运行安全管理

1 机坪作业人员要求

机坪

机坪是飞行区内供飞机上下旅客、装卸货物或邮件、加油、停放或维修使用的特定的场地。机坪包括客机坪、货机坪、维修机坪、专机坪、公务机坪。

所有在机坪从事保障作业的人员，均应当接受机场运行安全知识、场内道路交通管理、岗位作业规程等方面的培训，并经考试合格后，方可在机坪从事相应的保障工作。

所有在机坪从事保障工作的人员，均应当按规定佩戴工作证件，穿着工作服，并配有反光标识。

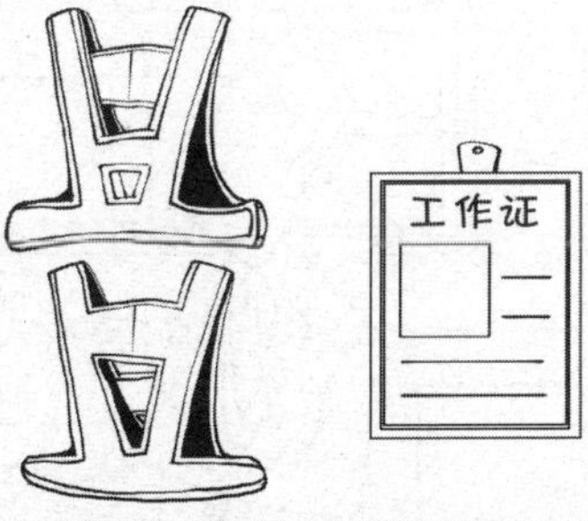

所有作业人员必须严格遵守各项机坪作业规定和消防规定！

2. 机坪车辆作业及设施设备管理

一般安全要求

如果你要暂时离开车辆和设备呢？
首先要保证车辆设备处于制动状态，然后将启动钥匙与车辆、设备分离存放。

如果车辆设备故障或者已经报废，该如何？
这就必须及时清除出机坪。

其他要求

★ 任何单位和人员不得损坏、挪用、占用、遮挡机坪基础设施和设备。
★ 禁止向空调主机内插入杂物。
★ 禁止非工作人员碰触机坪配电。

等待作业

★ 机位应当设置白色机位作业等待区、红色机位安全线。车辆和设备与航空器应当保持足够的安全距离。

★ 航空器进入机位前，该机位应当保持：

· 除负责航空器入位协调的人员外，各类人员、车辆、设备、货物和行李均应当位于划定的机位安全线区域外或机位作业等待区内。

· 车辆、设备必须制动或固定；有液压装置的保障作业车辆、设备，必须确保其液压装置处于回缩状态。

· 保障作业车辆在等待时，驾驶员应当随车等候；所有设备必须有人看守；廊桥活动端必须处于廊桥回位点。

★ 接机人员应当至少在航空器入位前5分钟，对机位适用性进行检查。

机位适用性检查

★ 机位是否清洁；

★ 人员、车辆及设备是否处于机位安全区域外或机位作业等待区内；

★ 廊桥是否处于廊桥回位点；

★ 是否有其他影响航空器停靠的障碍物。

航空器入位与推出作业

在航空器进入机位过程中，任何车辆、人员不得从航空器和接机人员（或目视泊位引导系统）之间穿行。

当航空器正在被推离机位时，在其后方行驶的车辆和人员必须避让航空器，不得妨碍推出航空器。

提 示

在航空器滑出或被推出机位前，送机人员必须确认：

★ 除牵引车外的其他车辆、设备及人员等均已撤离至机位安全区域外。

★ 廊桥撤回廊桥回位点。

航空器机位保障作业

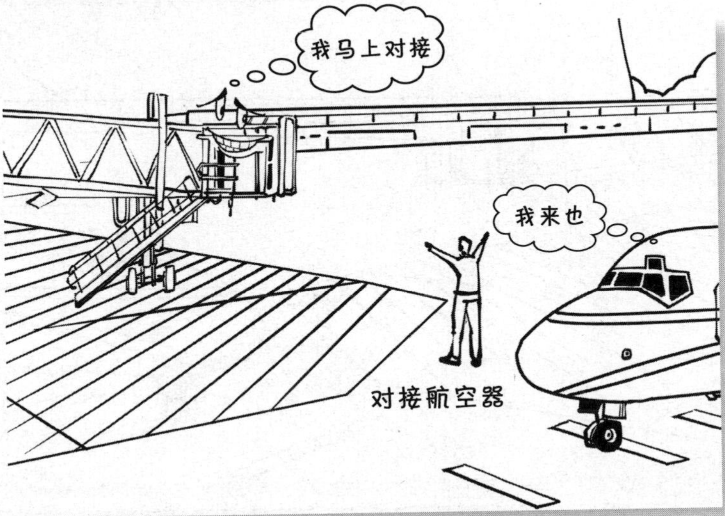

在航空器处于安全靠泊状态后，接机人员应当向廊桥操作人员或客梯车驾驶员发出可以对接航空器的指令。廊桥操作人员或客梯车驾驶员接到此指令后，方可操作廊桥或客梯车对接航空器。

保障车辆、设备在为航空器提供地面保障作业时，其他车辆、设备不得进入该机位作业区域。

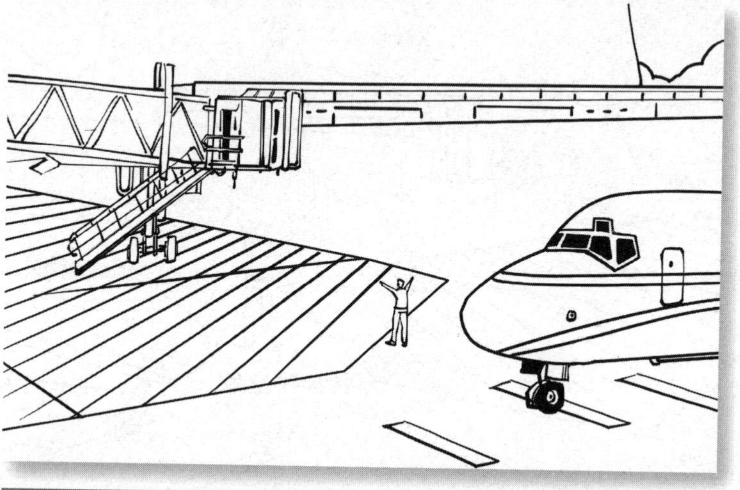

在廊桥活动端移动范围内应当采用红色线条设置廊桥活动区，禁止任何车辆和设备进入。廊桥操作人员进行靠桥、撤桥作业时，禁止其他人员进入廊桥活动端。

提供保障作业的车辆不得影响相邻机位及航空器机位滑行通道的使用。

你知道航空器安全停泊后，安全锥的放置要求吗？
嗯，要在发动机前端1.5米，机尾和翼尖水平投影处放置。

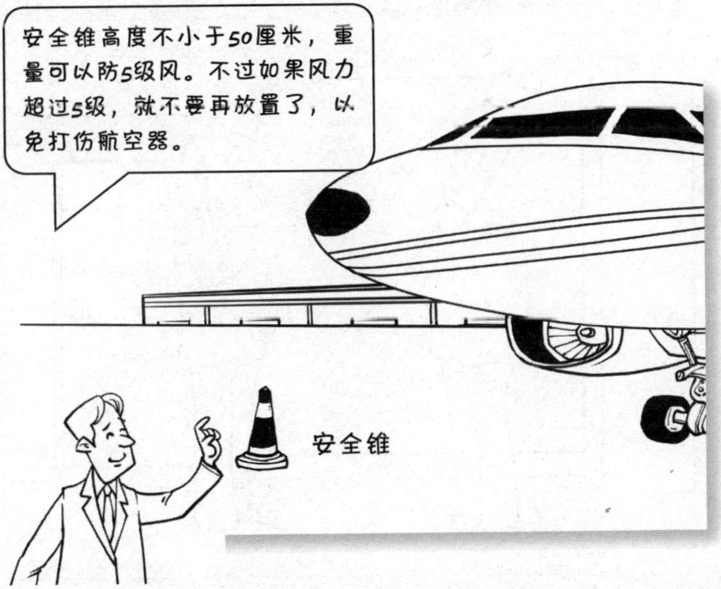
安全锥高度不小于50厘米，重量可以防5级风。不过如果风力超过5级，就不要再放置了，以免打伤航空器。
安全锥

实施加油作业时，其他车辆禁止妨碍加油车前方的紧急通道。

保障车辆对接航空器前，必须在距航空器15米的距离先试刹车，确认刹车良好后方可实施对接。

保障车辆对接航空器时的速度不得超过5千米/小时。

保障车辆、设备，对接航空器时，应当与航空器发动机舱门保持适当的距离，并时刻注意周围情况。

在停机位内作业的车辆不得倒车。必须倒车的，必须有人观察指挥，以确保安全。

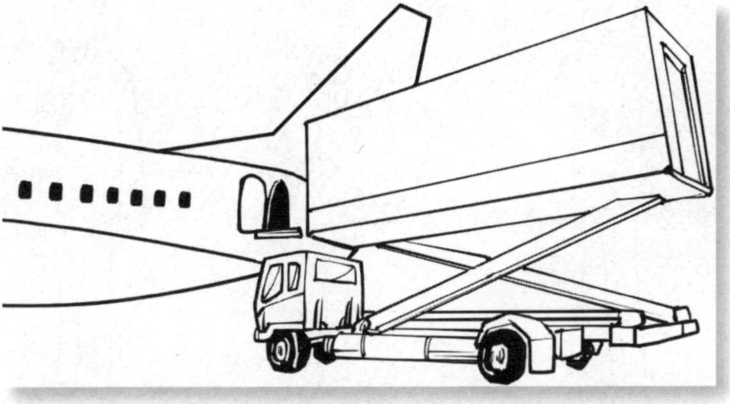

保障车辆对接航空器后，应当处在制动状态，并设置轮挡。

车辆在机位安全区内行驶或对接航空器过程中，驾驶员禁止使用对讲机或其他移动通信设备。

所有在机坪从事保障作业的人员要严格按照保障作业操作规程实施保障作业，并注意不同工种之间的紧密配合，以减小对设备、航空器的损伤和人员的伤害。

当航空器引擎正在开动或防撞灯亮起时，车辆不得在航空器后方穿过。

在停机位内驾驶车辆时，车辆须避让在航空器旁工作的人员；车辆在机位内行驶时须避让安全锥筒，且应向远离航空器一侧的方向避让。
停机位
我让……
我让!!!

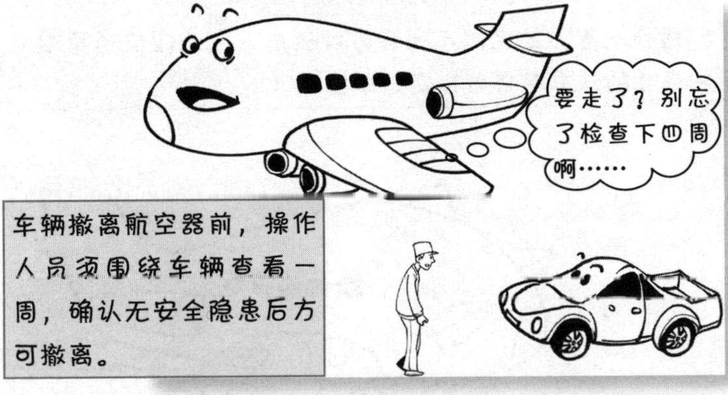
要走了？别忘了检查下四周啊……
车辆撤离航空器前，操作人员须围绕车辆查看一周，确认无安全隐患后方可撤离。

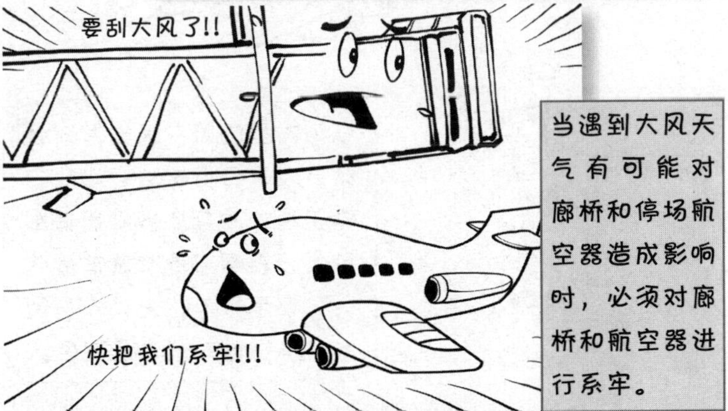
要刮大风了!!
快把我们系牢!!!
当遇到大风天气有可能对廊桥和停场航空器造成影响时，必须对廊桥和航空器进行系牢。

航空器试车作业

一般情况下，航空器不得在机坪试车，应该在机场管理机构设立的试车坪或者指定试车位置试车。

任何类型的航空器试车，必须有专人负责试车现场的安全监控，并且应当根据试车种类设置醒目的“试车危险区”警示标志。无关人员和车辆不得进入试车危险区。

航空器维修作业

首先，如果要在机坪维修，必须在指定位置进行，任何单位都不得在跑道、滑行道进行维修。
维修单位应该注意什么？

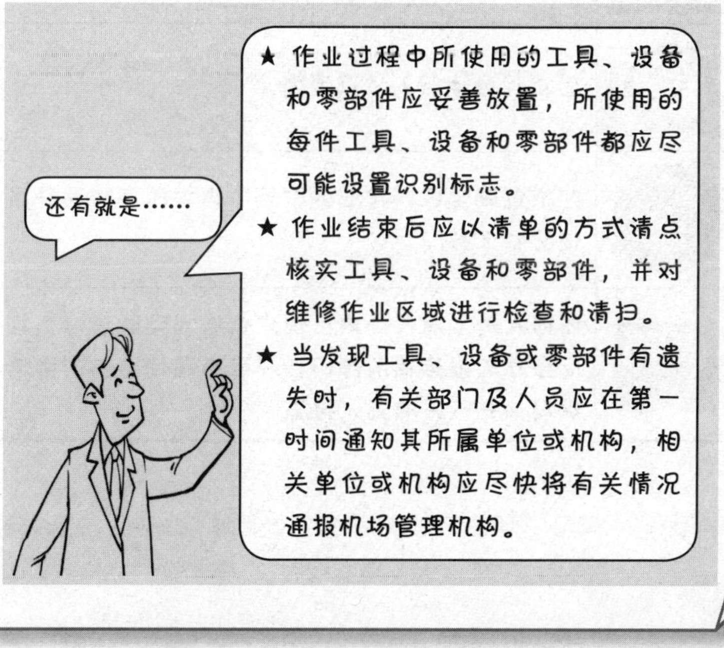
还有就是……
★ 作业过程中所使用的工具、设备和零部件应妥善放置，所使用的每件工具、设备和零部件都应尽可能设置识别标志。
★ 作业结束后应以清单的方式清点核实工具、设备和零部件，并对维修作业区域进行检查和清扫。
★ 当发现工具、设备或零部件有遗失时，有关部门及人员应在第一时间通知其所属单位或机构，相关单位或机构应尽快将有关情况通报机场管理机构。

3. 机坪消防

	未经机场管理机构批准，任何人不得在飞行区内动用明火、释放烟尘和粉尘
	机坪内禁止吸烟
	易燃液体应当用专用容器盛装，并不得倒入飞行区排水系统内
	任何单位和人员不得损坏、擅自挪动机坪消防设施设备。禁止在消防器材箱内存放其他物品
	禁止将废油倒入垃圾桶内
	在机位安全区内作业的车辆不得停放在加油井及消防井上方
	任何人员发现机坪内出现火情或火灾隐患时，均应当立即报告消防部门，并应当在消防部门到达现场前先行采取灭火措施

四、目视助航设施管理

目视助航设施

目视助航设施包括风向标、各类道面（含机坪）标志、引导标志牌、助航灯光系统（含机坪照明）。

1. 运行要求

各类标志物、标志线应当清晰有效，颜色正确；助航灯光系统和可供夜间使用的引导标志牌的光强、颜色、有效完好率、允许失效时间，应当符合《民用机场飞行区技术标准》的要求。

为避免因滑行引导灯光、标志物、标志线、标志牌等指示不清、设置位置不当产生混淆或错误指引，造成航空器误滑或者人员、车辆误入跑道、滑行道事件，应当定期或根据实际情况对目视助航设施进行评估。

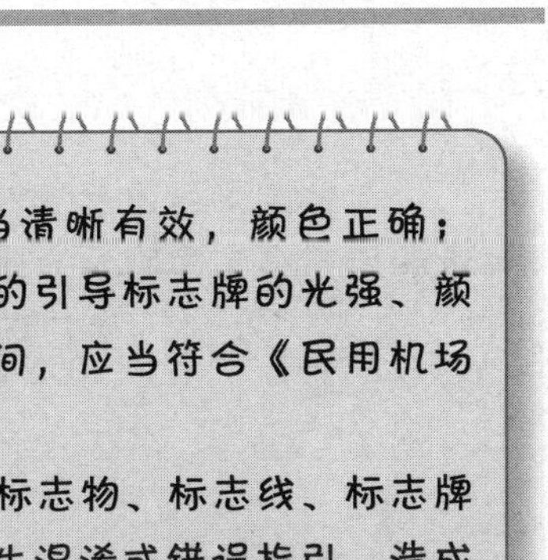

目视助航设施评估时机

★ 每三年；

★ 新开航机场或机场使用新跑道、滑行道、机坪前及运行前三个月；

★ 机场发生航空器误滑，人员、车辆误入跑道、滑行道等事件时；

★ 接到飞行员、管制员、勤务保障作业人员反映滑行引导灯光、标志物、标志线、标志牌等指示不清，容易产生混淆时。

在低能见度运行条件下，应当停止机场供电设施附近的所有施工或维护活动，并通知上级供电单位停止影响机场供电系统的施工或维护活动。

小贴士

目视助航设施的具体技术要求在《民用机场飞行区技术标准》中有相关规定。

2. 灯光系统维护

★应当定期对助航灯光系统的各类灯具进行检测，保证各类灯具的光强、颜色持续符合《民用机场飞行区技术标准》中规定的要求。

★应当做好助航灯光系统的以下供电保障工作：

· 按照当地供电系统的要求和维护规程，做好变配电设备的维护工作；

· 做好备用发电机的定期检查、维护和试运行工作，使其持续保持使用状态。每周至少应当进行不少于15分钟的备用发电机加载试验，每月至少应当进行不少于30分钟的备用发电机加载试验；

· 每月至少进行一次主供电源与备用电源之间及主、备用电源与备用柴油发电机之间切换的传动试验。

★应当对目视泊位引导系统及时维护，定期校验，保持系统的持续适用。

小贴士

灯光系统的具体维护要求在《民用机场飞行区技术标准》中有相关规定。

五、飞行区外来物管理

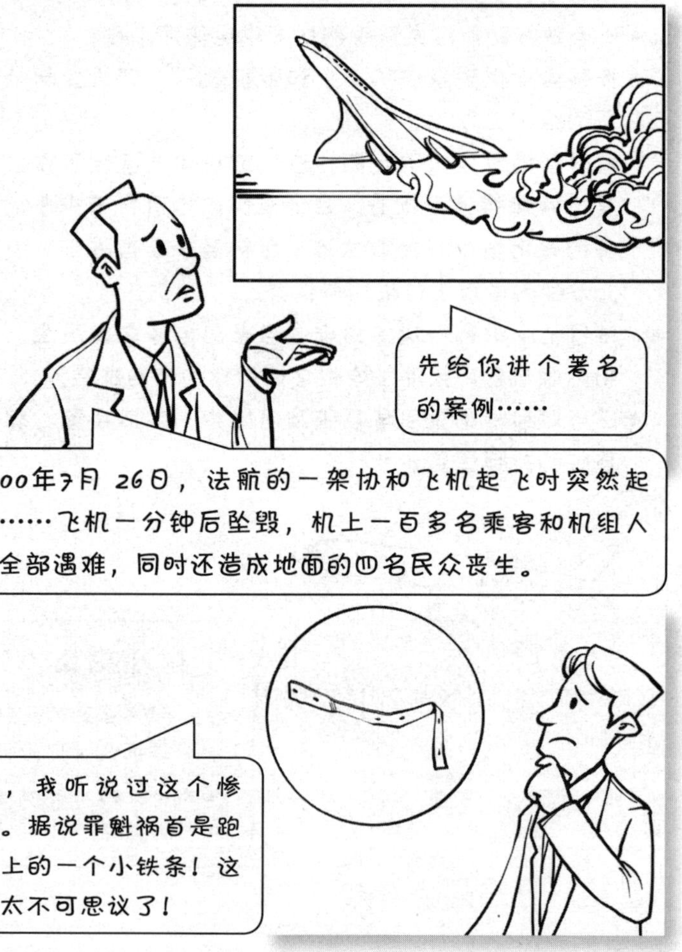
先给你讲个著名的案例……
2000年7月 26日，法航的一架协和飞机起飞时突然起火……飞机一分钟后坠毁，机上一百多名乘客和机组人员全部遇难，同时还造成地面的四名民众丧生。
嗯，我听说过这个惨案。据说罪魁祸首是跑道上的一个小铁条！这也太不可思议了！

是这样……
客机起飞时，碾过跑道上一条美国大陆航空的客机掉出的金属部件,导致轮胎爆裂……轮胎的碎片高速射向机翼的油缸，震荡波使得油箱盖受压并打开，大量燃油泄漏；同时另一块小的轮胎碎片割断起落架的电缆线，导致火花引燃漏油起火……
对！
所以说飞行区FOD防范工作十分重要。

1. FOD分类

FOD

外来物（简称FOD）指飞行区内可能会损伤航空器、设备或威胁机场工作人员和乘客生命安全的外来物。

外来物分类

高危外来物：

防水塑料布、金属零件、重量1千克以上的外来物。此类外来物对航空器地面运行安全有严重危害。

中危外来物：

打包带、报纸、包装箱、碎石块等对航空器地面运行安全有一定危害的外来物。

低危外来物：

纸屑、树叶、非金属零碎垃圾等对航空器地面运行安全危害较小的外来物。

2. FOD防范

道面FOD防范

认真做好跑道、滑行道和机坪道面的维护保养工作，减少因道面破损产生的FOD；发现泥浆、砂子、松散颗粒物、垃圾、燃油、润滑油及其他污物应当立即清除。

仔细管理好维护作业中产生的废弃物、使用的零备件，还有作业工具。

回收箱
驱鸟作业后要及时回收弹壳，驱鸟设施也要管理好。

加强并做好飞行区围界完好性的巡视检查。

机坪FOD防范

所有在机坪作业的人员都不得将废物随地丢弃，要扔到带盖垃圾桶中，也严禁搞垃圾分拣。

运输或临时存放垃圾或废弃物时，应当加以遮盖，不得泄漏或溢出。

使用完的废油罐切勿随意乱放，废油切勿倒在机坪垃圾桶中，要放到专门的回收容器当中。

装卸过程中注意及时清理遗撒的物品。
立即清走
不使用或损坏的设备物品切勿放在机坪上。
防水塑料布必须妥善固定，切勿随意摆放。

车辆设备FOD防范

禁止
不许在飞行区机坪及跑道、滑行道范围内吃喝！

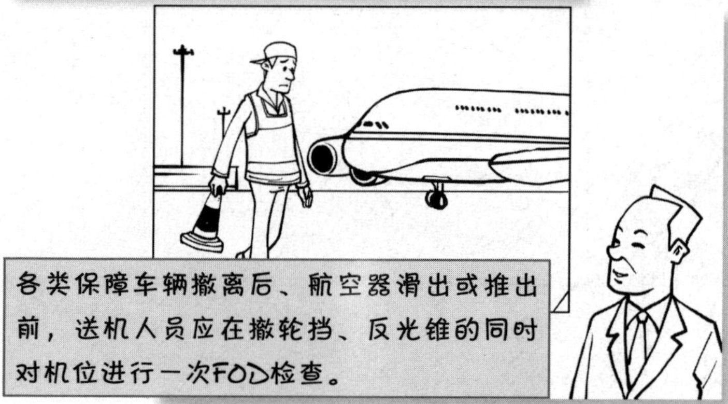
各类保障车辆撤离后、航空器滑出或推出前，送机人员应在撤轮挡、反光锥的同时对机位进行一次FOD检查。

我们怕水！！
绝对不能在机坪上冲洗作业车辆。每年结冰期切勿在机坪上放水。

行车时，禁止向车外扔垃圾。
盖货物的防水塑料布须固定牢固，切勿单独使用防水塑料布。暂时不用的防水塑料布须妥善固定，切勿随意摆放。
各类货品、物品要保管好，车内的物品要固定牢靠，防止驾驶途中散落。

施工FOD防范

应做好车辆设备定期检修和维护工作，确保车辆处于适用状态，防止车辆设备在运行过程中出现遗撒或零部件脱落形成外来物。

认真检查车辆及各类拖挂设备的卫生，避免各类拖挂设备内携带垃圾，避免车身、车轮等位置粘连、携带外来物。当车身、车轮处有外来物时，要及时清理。

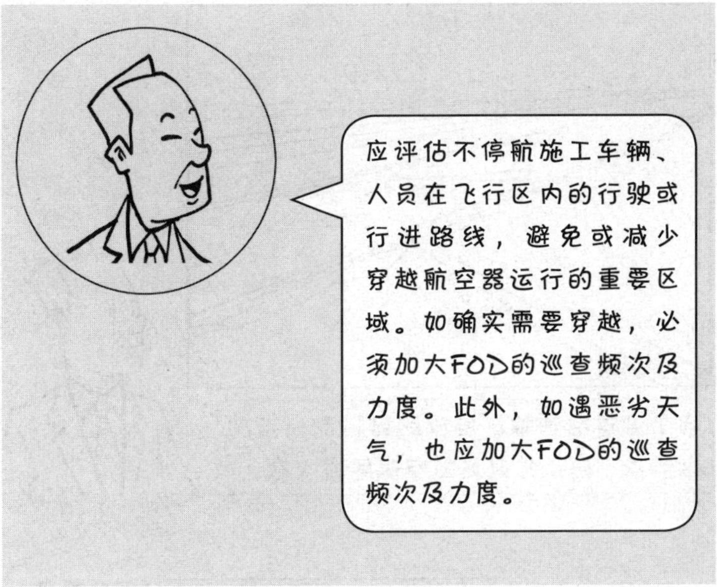
应评估不停航施工车辆、人员在飞行区内的行驶或行进路线，避免或减少穿越航空器运行的重要区域。如确实需要穿越，必须加大FOD的巡查频次及力度。此外，如遇恶劣天气，也应加大FOD的巡查频次及力度。

施工人员和车辆穿越航空器开放使用区域，应对穿越区域进行不间断检查。发现道面污染时，应及时清洁。

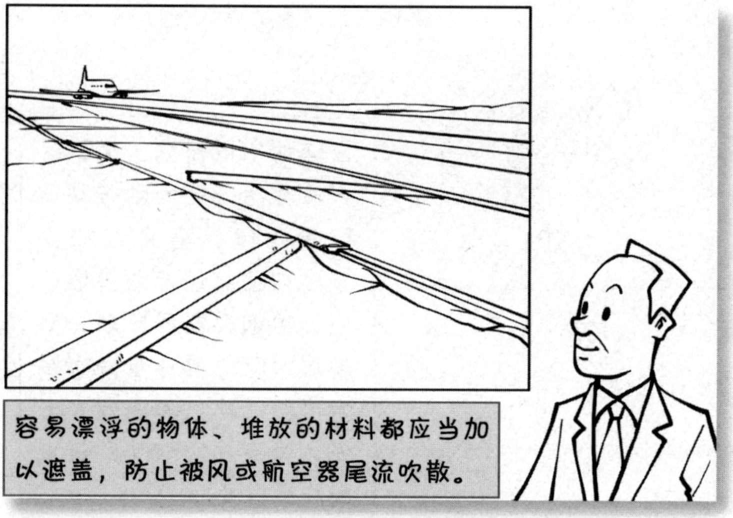
容易漂浮的物体、堆放的材料都应当加以遮盖，防止被风或航空器尾流吹散。

别随便把我扔这儿，我还没被固定呢！
怎么把我乱丢啊？
切勿在飞行区施工地点随意放置未加固定，而且可能进入飞行活动区域、影响航空器安全的各类物品。施工用品须妥善保存，切勿乱丢乱放。

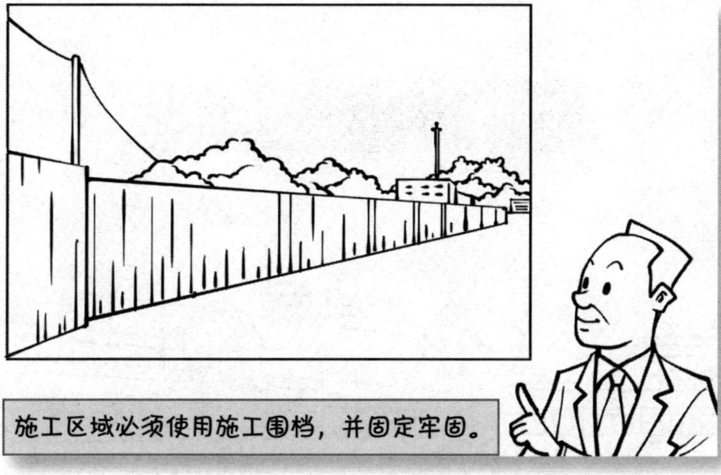

施工区域必须使用施工围档，并固定牢固。

在航班间隙或航班结束后进行施工，在提供航空器使用之前必须对该施工区域进行全面清洁。

六、不停航施工管理

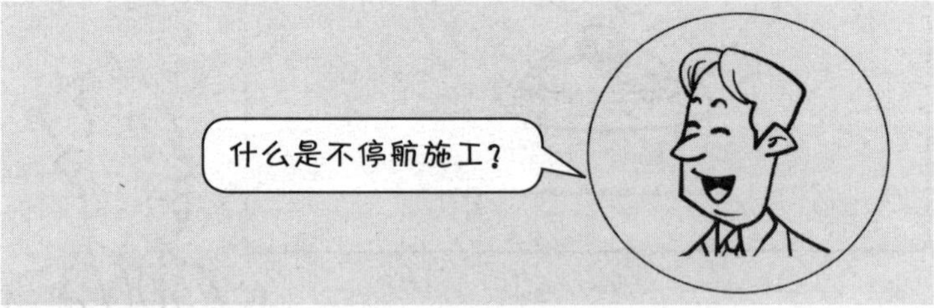

不停航施工

不停航施工是指机场不关闭或者部分时段关闭并按照航班计划接受和放行航空器的情况下，在飞行区内实施施工。

不停航施工主要内容

★ 飞行区土质地带大面积沉陷的处理工程；
★ 围界、飞行区排水设施的改造工程；
★ 跑道、滑行道、机坪的改造工程；
★ 扩建或更新改造助航灯光及电缆的工程；
★ 影响民用航空器的其他工程。

1. 通用要求

施工人员的资格有什么要求？……
所有进入飞行区从事施工作业的人员，都必须经过培训，这包括无线电培训。
肯定也要办进入飞行区的通行证了？
对，所有进入飞行区从事施工作业的人员和车辆都要申办人员通行证和车辆通行证。
人员和车辆进出飞行区出入口时都必须接受检查喽？
对！而且在飞行区施工临时设置的大门应当符合安全保卫的有关规定。
如果我是一个没有经过培训的驾驶员，又需要临时驾车进出施工区域，怎么办？

那必须由持有场内车辆驾驶证的机场管理机构人员全程引领。
那在施工区工作的时间和进出路线肯定要规定好喽？
对，施工人员和车辆必须严格按照施工组织管理方案中规定的时间和路线进出施工区。
进入飞行区的施工车辆顶部都必须设置黄色旋转灯标，并处于开启状态；还有，很重要的是停放施工车辆和机具的区域，以及堆料场的设置都不得阻挡机场管制台对跑道、滑行道和机坪的观察视线，也不得遮挡任何使用中的助航灯光、标志牌，并不得超过净空限制面。
施工单位的安全人员应该做什么？
施工单位应派施工安检员在现场值守和检查，并负责监听无线电信息。

2. 跑道不停航施工的具体要求

在跑道有飞行活动期间，禁止在跑道端之外300米以内、跑道中心线两侧75米以内的区域内进行任何施工作业。

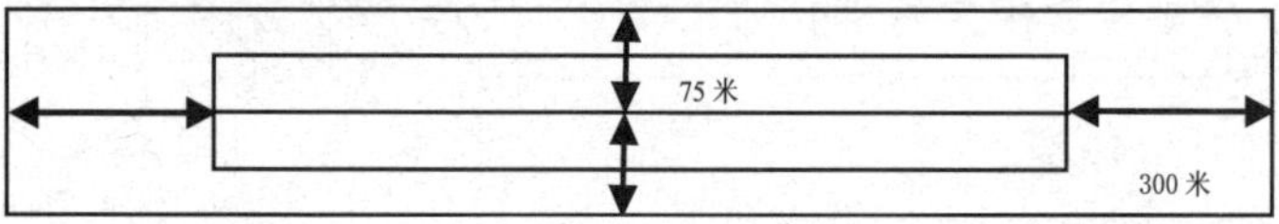

在跑道端之外300米以内、跑道中心线两侧75米以内的区域内进行任何施工作业，在航空器起飞、着陆前半小时，施工单位应当完成清理施工现场的工作，包括填平、夯实沟坑，将施工人员、机具、车辆全部撤离施工区域。

施工机具、车辆的高度不得超过2米，并尽可能缩小施工区域。

3. 标志与标志物管理的要求

★施工区域与航空器活动区应当有明确而清晰的分隔，如设立施工临时围栏或其他醒目隔离设施。围栏应当能够承受航空器吹袭。围栏上应当设旗帜标志，夜晚应当予以照明。

★施工区域内的地下电缆和各种管线应当设置醒目标识。施工作业不得对电缆和管线造成损坏。

★邻近跑道端安全区和升降带平整区的开挖明沟和施工材料堆放处，必须用红色或橘黄色小旗帜表示予以警告。在低能见度天气和夜间，还应当加设红色恒定灯光。

★临时关闭跑道、滑行道或其一部分，应当按照《民用机场飞行区技术标准》的要求设置关闭标志。已关闭的跑道、滑行道或其一部分上的灯光不得开启。被关闭区域的进口处应当设置不适用地区标志物和不适用地区灯光标志。

★在机坪内进行不停航施工的，对不适宜航空器活动的区域，必须设置不适用地区标志物和不适用地区灯光标志。

★因不停航施工需要跑道入口内移的，应当按照《民用机场飞行区技术标准》设置或修改相应的灯光及标志。

★施工期间，应当定期实施检查，保持各种临时标志、标志物清晰有效，临时灯光正常工作。航空器活动区附近的临时标志物、标志牌和灯具应当易折，并尽可能接近地面。

小贴士

不停航施工期间，灯光及标志的特殊要求具体在《民用机场飞行区技术标准》中有相关规定。

七、航空器活动区道路交通

航空器活动区道路

航空器活动区的道路指机场内用于航空器起飞、着陆、停放及与此相关的地面活动区域内标定的供人员、车辆通行的场地。

车辆

车辆指的是机动车辆（包括机动车牵引的航空器活动区专用设备）和非机动车辆。

1. 一般管理要求

在航空器活动区道路通行的车辆、人员一般遵循右侧通行的原则，按规定线路通行，避让航空器。

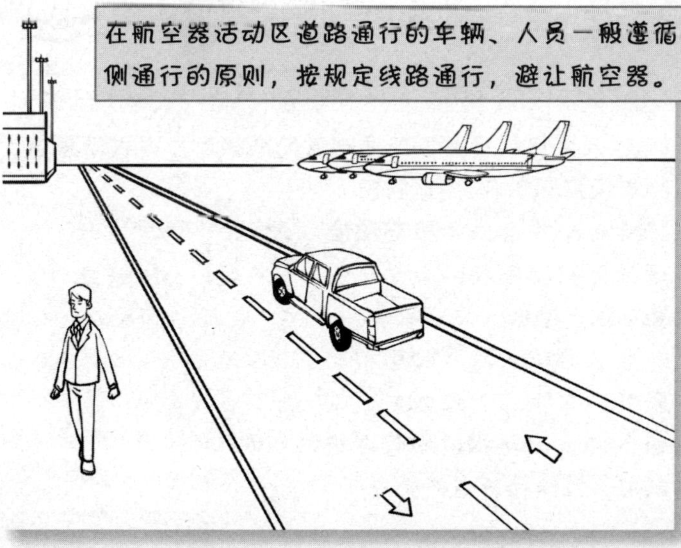

畜力车、三轮车、摩托车以及履带式机动车辆，一般不得进入航空器启动区。

2. 车辆管理

进入民用机场航空器活动区的车辆应当向机场管理机构申领机动车牌、行驶证。

禁止未悬挂民用机场航空器活动区机动车牌的机动车进入航空器活动区。

悬挂中华人民共和国机动车号牌的车辆因工作需要，确需进入的，应当报机场管理机构核准，发给通行证件。

小贴士

航空器活动区车辆及其号牌等的具体要求在《民用机场航空器活动区道路交通安全管理规则》中有相关规定。

3. 驾驶员管理

在进入航空器活动区时，车辆驾驶员必须持有民用机场航空器活动区机动车驾驶证。

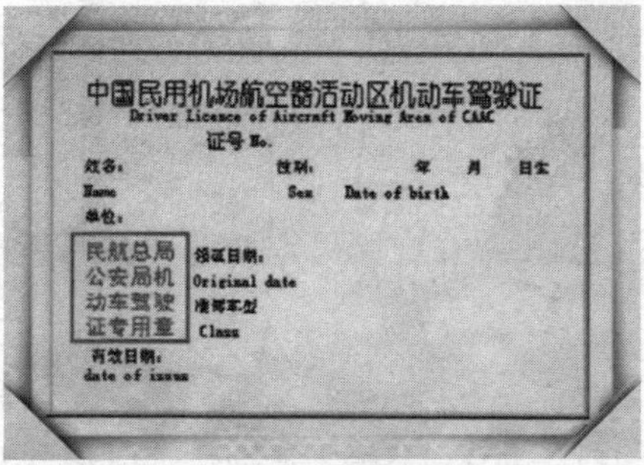

中国民用机场航空器活动区机动车驾驶证
Driver Licence of Aircraft Moving Area of CAAC
证号 No.
姓名： 性别： 年 月 日生
Name Sex Date of birth
单位：
民航总局公安局机动车驾驶证专用章
领证日期：
Original date
准驾车型
Class
有效日期：
date of issue

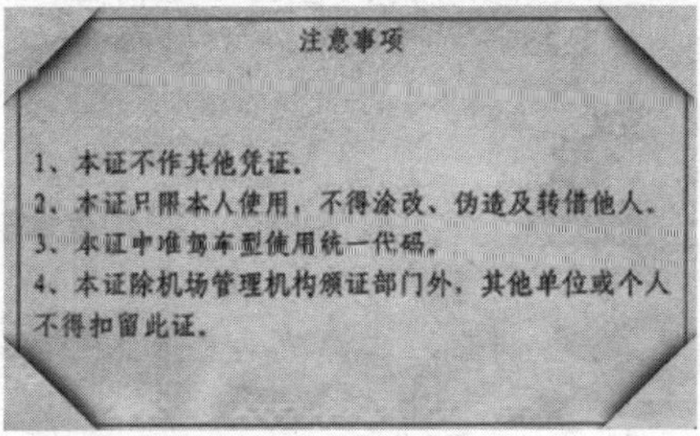

注意事项

1、本证不作其他凭证。
2、本证只限本人使用，不得涂改、伪造及转借他人。
3、本证中准驾车型使用统一代码。
4、本证除机场管理机构颁证部门外，其他单位或个人不得扣留此证。

仅持有中华人民共和国驾驶证，未持有民用机场航空器活动区机动车驾驶证的人员，不得在航空器活动区驾驶机动车辆。

特殊情况下，需要驾驶车辆进入航空器活动区的，应当由机场管理机构指定单位负责引导。

小贴士

航空器活动区对驾驶员的具体要求在《民用机场航空器活动区道路交通安全管理规则》中有相关规定。

4. 车辆行驶管理

车辆在航空器活动区行驶时，应当按指定的通行道口进入航空器活动区，接受执勤人员检查。车辆在航空器活动区行驶时，最高时速不得超过规定时速。

遇有航空器滑行或被拖行时，在航空器一侧安全距离外避让，不得在滑行的航空器前200米内穿行或50米内尾随、穿行。

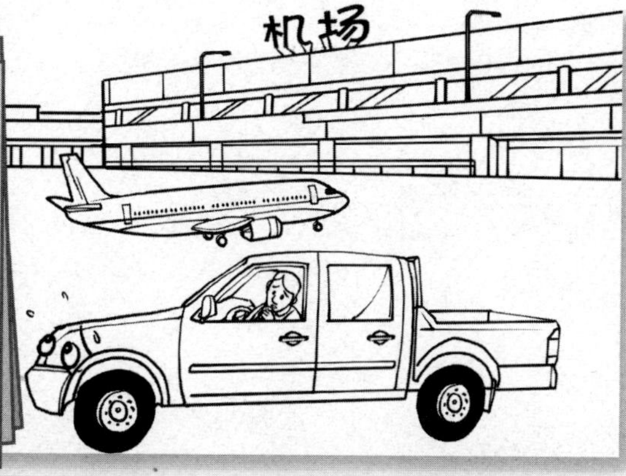

小贴士

航空器活动区车辆驾驶的具体要求在《民用机场航空器活动区道路交通安全管理规则》中有相关规定。

在航空器活动区行驶的车辆发生故障不能行驶的，驾驶员应当立即报告机场管理机构；有可能影响航空器运行的，应迅速将故障车辆拖离至不影响飞行安全的区域。

5. 行人管理

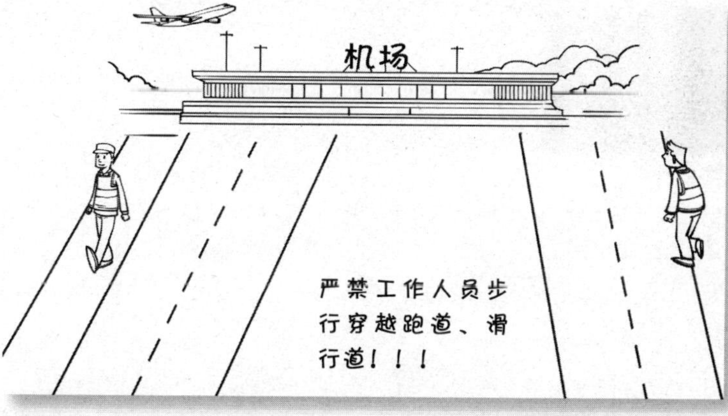

在机坪内步行的工作人员，应按照机坪人行步道行走。

对于未设人行步道的车行道，步行人员应靠车行道右侧行走。